著名漫画家 蔡志忠 倾情推荐

☆ 我的第一本历史知识漫画书 ☆

历史画中话

兴亡之殇隋王朝

沈山明 李 冰 编

· 学习历史知识 · 培养阅读兴趣 · 拓宽文化视野 · 启迪人生智慧

江西高校出版社
JIANGXI UNIVERSITIES AND COLLEGES PRESS

总书目

远古：神话诞生的时代

盘古开天地　大神女娲　后羿传奇
神农尝百草　炎黄联盟　尧舜禅让

夏商：文明从这里起步

大禹治水　夏启夺位　少康中兴
贤相伊尹　武丁选贤　暴虐的纣

文治武功“画”西周

姜太公钓鱼　武王伐纣　伯夷叔齐
周公辅国　烽火戏诸侯

群雄并起“画”春秋（上）

黄泉相见　周郑交恶　好鹤亡国
管鲍之交　齐桓公争霸　晏婴使楚

群雄并起“画”春秋（中）

曹刿论战　大义灭亲　仁义宋襄公
流亡公子　退避三舍

群雄并起“画”春秋（下）

羊皮换相　牛贩子退兵　放虎归山
一鸣惊人　庄王治楚　伍子胥传奇
吴越恩仇

逐鹿中原“画”战国（上）

三家分晋　完璧归赵　负荆请罪
田单复国　张仪欺楚　屈原投江

逐鹿中原“画”战国（下）

商鞅变法　长平之战　鸡鸣狗盗
毛遂自荐　窃符救赵　娶妻招祸
孙膑斗庞涓

诸子百家，东周风雅（上）

万世师表　关雎　无衣
硕鼠　氓　东山
孟母三迁

诸子百家，东周风雅（下）

老子留书　庄周梦蝶　孙武练兵
墨子救宋　韩非之死　神医扁鹊

盛衰骤变秦帝国（上）

奇货可居　君臣之争　中华始皇帝

盛衰骤变秦帝国（下）

指鹿为马　揭竿起义　巨鹿之战
刘邦起兵　鸿门宴　楚汉之争

西汉：大风起兮云飞扬（上）

刘邦诛韩信　吕后传奇　缇萦救父
执法不阿张释之　七王之乱

西汉：大风起兮云飞扬（中）

飞将军李广　张骞通西域　漠北之战
苏武牧羊　狱中天子　昭君出塞

西汉：大风起兮云飞扬（下）

奇人东方朔　凤求凰　千秋史笔
假面王莽　赤眉起义

东汉：豪强争霸的朝代（上）

光武兴汉　隐士严子陵　投笔从戎
跋扈将军梁冀　党锢之祸　黄巾起义

东汉：豪强争霸的朝代（下）

董卓弄权　武夫吕布　枭雄少年
官渡之战

三国：青梅煮酒论英雄（上）

桃园结义　煮酒论英雄　三顾茅庐
崛起江东　火烧赤壁

三国：青梅煮酒论英雄（中）

威震逍遥津　大意失荆州　兄弟相煎
火烧连营　七擒孟获

三国：青梅煮酒论英雄（下）

徐庶进曹营　忠勇典韦　狂生祢衡
智士程昱　失街亭　星陨五丈原

暗流涌动西东晋

高平陵政变　贾后乱晋　晋明帝除霸
淝水之战

纷争动荡南北朝

刘裕北伐　自毁长城　梁武帝佞佛
助子兴国　女杰冯太后　孝文帝迁都

两晋名士展风流

名士阮籍　书圣王羲之　靖节先生
纵情谢灵运　昭明太子　谯国夫人

兴亡之殇隋王朝

禅代北周　玉树后庭花　独孤皇后
杨广谋位　下江都　瓦岗烟尘
晋阳起兵

巍巍大唐，天朝盛世（上）

秦王李世明　玄武门之变　一代名相魏徵
文成公主　少女媚娘　一代女皇

巍巍大唐，天朝盛世（中）

韦氏乱朝　贵妃杨玉环　魂断马嵬坡
安史之乱

巍巍大唐，天朝盛世（下）

李愬取蔡州　甘露之变　牛李党争
小太宗唐宣宗　黄巢民变

乱世烽火，五代十国

朱温代唐　优伶天子　郭威建周
不倒翁冯道　南唐遗恨　花蕊夫人
海龙王钱镠

屈辱与抗争的大宋王朝（上）

陈桥兵变　杯酒释兵权　烛影斧声
无敌将军杨业　澶渊之盟
传奇宰相寇准　王安石与司马光
奸相蔡京

屈辱与抗争的大宋王朝（下）

靖康之耻　精忠岳飞　贾似道误国
正气文天祥　陆秀夫蹈海

能征善战的辽夏金

阿保机兴辽　承天萧太后　夏王元昊
阿骨打建国　海上之盟　枭雄海陵王

马背上的大元帝国

成吉思汗　贤相耶律楚材
长子西征　马可·波罗

内忧外患明王朝（上）

草莽皇帝朱元璋　胡惟庸党案
靖难之变　郑和下西洋

内忧外患明王朝（中）

土木堡之变　南宫复辟　首辅张居正
奸相严嵩　赫赫九千岁

内忧外患明王朝（下）

明宫三大案　闯王李自成
吴三桂与陈圆圆　袁崇焕之死

唐宋元明，文化的盛筵（上）

诗仙李白　诗圣杜甫
平民诗人白居易　韩愈谏迎佛骨
玄奘西游　鉴真东渡　六祖惠能

唐宋元明，文化的盛筵（中）

柳宗元种柳　醉翁欧阳修　圣人朱熹
理学夫子程颐　浪子回头苏老泉
旷达豪迈苏东坡　李清照

唐宋元明，文化的盛筵（下）

辛弃疾　关汉卿为民请命
西厢记　心学宗师王明阳
李时珍写《本草纲目》

傲视天下的大清帝国（上）

努尔哈赤　多尔衮　血战江阴
智擒鳌拜　平定三藩

傲视天下的大清帝国（中）

收复台湾　平定准噶尔　雍正皇帝
吕留良惨案

傲视天下的大清帝国（下）

六下江南　宠臣和珅　东归故土
金川之战

晚清，没落的帝国（上）

虎门销烟　鸦片战争　火烧圆明园
金田起义　天京内乱

晚清，没落的帝国（中）

晚清第一臣　红顶商人胡雪岩
北洋水师　左宝贵守平壤

晚清，没落的帝国（下）

公车上书　戊戌变法　义和团运动
八国联军

明清才俊，一代风流

才子解缙　四库总纂纪晓岚
红楼一梦

乱象环生“画”科举

弘治泄题案　丁酉科举案　江南科场案
上帝使者汤若望　宫廷画师郎世宁

辛亥风云录

鉴湖女侠　碧血黄花岗　末代皇帝
天下为公孙中山

目录
CONTENTS

承前启后的隋朝

隋朝（公元 581—618 年），是一个短命的朝代，在人类历史上仅仅生存了三十七年，但就是这样一个王朝，它上承南北朝，下启唐盛世，是一座无可替代的桥梁啊。

这个朝代是如何建立的呢？故事还得从南北朝时期的北周说起。

大定元年（公元 581 年）二月，势单力薄的北周静帝，感觉到皇帝这个位置实在是坐不住了，万般无奈之下，只好把皇位禅让给了杨坚，也就是隋文帝。对隋文帝来说，不费一兵一卒就坐上了龙椅，天下哪里有比这更好的好事呢？于是，他立马即位，定国号为“隋”，定都大兴城（长安）。

说到这里，顺便多说一句，杨坚为什么要将国号定为“隋”呢？那是因为他的父亲杨忠曾被北周封为“随国公”。杨忠死后，杨坚子承父爵，所以即位后立国号为“随”。但他后来一想，不行啊，“随”，不是想走就走吗？太不吉利了，于是改为“隋”。

隋王朝建立后，第一件事是南下灭陈。开皇八年（公元 588 年），隋文帝命晋王杨广为行军元帅，秦王杨俊、河清公杨素为副帅，高颎为参谋，王韶为司马，兵分八路攻陈。开皇九年（公元 589 年）二月，隋军进入建康城，活捉陈后主。陈朝灭亡后，隋文帝再接再厉，开皇十年（公元 590 年）九月，又派使臣韦洸等人安抚岭南，岭南冼夫人率领大小官员迎接隋朝使者。至此，四分五裂的南北朝终于统一了。

天下一统了，接下来就是治国理政了。隋文帝统一中国后，提倡节俭，反对奢侈；用人不限门第，唯才是举；制定隋律，宽简刑罚；轻徭薄赋，与民休息。还别说，经过隋文帝这样一“折腾”，隋王朝真的是改头换面了，举国上下，到处是一片祥和。

可惜好日子没过多久，隋文帝就一命呜呼了。公元 605 年，隋炀帝即位。隋炀帝可不像隋文帝啊，他是一个好大喜功的主，也不想想自己口袋里有多少票子，就一边修建大运河，一边筑长城，而且还多次发动对高丽的战争，把老百姓折腾得死去活来。谁知“屋漏又遭连夜雨”，公元 611 年，山东、河南大水成灾，一下子淹没了四十余郡。人祸加天灾，接下来就是民变。先是王薄在长白山（山东章丘）率众起义，接着是瓦岗军反叛，再接下来，又有窦建德、杜伏威起义……把整个隋王朝颠来倒去，连喘气的机会也没有。

哪里知道，这个不知死活的隋炀帝，到这个时候了，还过着醉生梦死的生活。大业十二年（公元616年）七月，他从东都（洛阳）来到江都（扬州）。刚到江都，隋炀帝就命王世充挑选江淮民间美女，每日寻欢作乐。玩得开心了，他也就不想回东都了，于是就命人在南京修建丹阳宫，准备在那里安度晚年。让他万万没有想到的是，他的随从都是关中人士啊，怎么能丢下故乡情结呢？这时，虎贲郎将元礼与直阁裴虔通发动兵变，杨广仓皇逃入西阁，被叛军抓获，不久就命丧黄泉，时年五十岁。

不过，杨广即使不死，也无法挽救隋朝的气数。就在他死前的头一年，也就是公元617年，太原留守、唐国公李渊在晋阳起兵，同年十一月占领长安，拥立隋炀帝第三个孙子代王杨侑为帝，即隋恭帝。李渊自任大丞相，进封唐王。皇爷爷还活蹦乱跳，皇孙就继位了，你想，李渊还把杨广放在眼里吗？当然，李渊也不是一盏省油的灯，到了公元618年，他又步隋文帝的后尘，逼迫隋恭帝禅位。仅仅过了六天，他就正式称帝了，国号为“唐”，自封为唐高祖。

禅代北周

北周末年，皇帝荒唐无能，王朝已是穷途末路。皇后的父亲随国公杨坚抓住机遇，在幼帝登基之际，成为辅政大臣；然后逐渐排除异己、控制军政，先后平定了三方叛乱，诛杀周室诸王。终于，杨坚逼迫北周皇帝禅让皇位给他，建立了隋朝。

大统七年：大统是西魏文帝、废帝、恭帝年号，大统七年即公元541年。冯翊般若寺：位于今陕西省渭南市大荔县。

哇哇哇哇——
这是什么？！
不可能、不可能，太可怕了！
摔坏吾儿了！不哭，不哭——
夫人看到了什么，为何突然大惊失色？
虽然只有一瞬间，但我确定我看到坚儿浑身长满了鳞片，
头上还长出了角，怎么会这样？！
吾儿与虎共处，已产生争斗之心，龙颜显现，此乃帝王之相啊！
什么？
只是……刚才这么一摔，已吓坏了吾儿，致使他要晚得天下了。
杨公？
您看，以上事情我没说错吧？
太神奇了，和我母亲说的一模一样。

大前疑：传说古代天子有“四辅”之官，“四辅”分别为前疑、后丞、左辅、右弼。北周时“四辅”则被称为大前疑、大后丞、大左辅、大右弼。天：天元皇帝的自称，如同其他皇帝自称的“朕”。

嗯？！
你怎么处处与天作对？有你德高望重的父亲撑腰是吧？
谁写的奏章？竟有错别字！
把他给天召来，用天杖伺候！
陛下怎么能滥用刑罚呢？
臣妾不敢，臣妾的父亲也不敢！
谅他也不敢，小心天灭他全家！
传杨坚来见天，如果面色有变、举止失常，必藏奸诈，立即处死！
大前疑到——
来人，赐酒！
父亲，要小心……
谢陛下！
我自有分寸。

天杖：一种杖责刑罚。

左大丞相：都督中外诸军事，总揽军政大权。

御正中大夫：御正，官职，相当于后来的中书舍人，专门负责为皇帝起草诏令；中大夫，相当于大臣、主官的次官。
正阳宫：太子居住的东宫宫名。

相州：北魏时治所在邺城，即今河北省邯郸市临漳县西南。北周时，杨坚毁邺城，迁治所至今河南省安阳市南，隋朝时移至今河南省安阳市。

大将军：古代军队的最高统帅。北周时实行府兵制，编练二十四军，共有十二个大将军。隋朝时，为统领禁军的高级将领。

那五王最近似乎安分不少，我正好借此机会试探试探他们的真心。
将军请放心，我会见机行事。
丞相……
赵王府
快，都进去。
在听到我命令之前，千万不可弄出声响。
哎呀，丞相啊，欢迎欢迎！快请进！
哈哈，赵王，我们好久没一起喝一杯了。
是啊，今夜我们一醉方休！
这个……室内狭小……
噢，你们两个就在外面等着吧。
来人，给二位将军上酒食，好生伺候着！

酒喝够了，得上今晚的重头戏了。
今天，既然是我做东，就由我亲自为丞相切瓜吧。
噌
这是西域人精心栽培的西瓜，我夫人想吃我都不让，特地留着招待丞相呀。
西域人吃瓜都是直接用刀吃的。
找到机会就一刀戳死你！
我们吃人家的瓜，就该顺着人家的风俗。丞相，请！
呵呵……多谢赵王了。
唰
丞相，相府还有事，您不可久留于此。

讨厌的奴才！我和丞相说话，你插什么嘴？
还不快退出！
啊……
失礼了，情势所逼，元胄必须扣刀护卫丞相。
呵呵，丞相的手下真是可靠啊……但是，我怎么会对您心怀恶意呢？
赵王无需多心，我属下习惯如此，见笑了！
可恶！这元胄孔武有力，会阻碍行刺。计划有变，我得到后面通知士兵们。
唔……
赵王您怎么了？
今天一高兴，酒喝得太多，有点想吐，失陪！
大人请不要动，我有醉酒的经验，
只要坐下调整气息，再喝点清水，便可无事。
这……
臭小子！

那你去帮我取点清水过来。
恕臣无礼，臣不是赵王的家奴，臣不方便去。
内室
给赵王拿碗水来。
是。
嗯？！
喂！安静，别坏了赵王的大事。
当！
抱歉，可是我最怕老鼠！
兵器的声音！

丞相！相府事务繁忙，您怎能在此畅饮久留？
请快回吧！
好，我也有点醉了。
丞相，快，我扶您。
赵王，在下就告辞了，下次再邀请您去相府做客……
赵王的好意丞相心领了，请留步，无需送行了。
你！
哎……丞相留步，我还有东西要送您呢！
赵王，多谢款待，在下告辞了！
唉！我真恨没有先发制人杀了他！

愚人妄语

杨坚取代北周，在我看来无可厚非，“天命有常，惟有德者居之”。不过，唯一让人不解的是，其手段未免太残忍了！你逼着宇文阐退位就好了，为什么让北周诸王全都成了你刀下魂呢？这样看来，“宅心仁厚”的杨坚，实际上也不是什么正人君子啊！

谈天说地

三省六部制

三省六部制是中国古代封建社会一套组织严密的中央官制。它确立于隋朝，此后基本上一直延续到清末。具体来说，“三省”是指中书省、门下省和尚书省；“六部”是指吏部、户部、礼部、兵部、刑部和工部，每部又各辖四司，共二十四司。

机构有了，名称也有了，他们的具体职责是什么呢？当然，随着朝代的演变，各自的职责也随之有所不同。

先说“三省”。

中书省，职责是掌管机要、发布政令。据说，到了隋唐，中书省已成为了全国政务中枢，掌握着朝廷的行政大权。只可惜在明代洪武十三年，明太祖一气之下废了中书省，由皇帝直接统领六部。

门下省，原来是皇帝的侍从机构，但在南北朝时权力逐渐扩大。据史料记载，北朝政出门下，门下省成为中央政权机构的重心。隋唐时，门下省与中书省同掌机要，共议国政，并负责审查诏令，签署奏章。

尚书省，前身叫“尚书台”，由汉代皇帝的秘书机关尚书发展而来，是魏晋至宋代的中央最高政令机构，为中央政府最高权力机构之一。主要职责是负责执行诏令。

说完“三省”，再说“六部”。

吏部，掌管全国官吏的任免、考课、升降、调动等事务，相当于我们现在的组织人事部门。吏部下设四司，明清时为文选清吏司、验封司、稽勋司和考功司。司的长官为郎中，副长官为员外郎，其属官有主事、令史和书令史等。

户部，掌管户籍财经的机关。长官为户部尚书，曾被称为地官、大司徒、计相、大司农等。明清时期，户部掌管全国疆土、田地、户籍、赋税和俸饷，是名副其实的“衣食父母”。

礼部，南北朝时期北周设立，后历代相沿，长官为礼部尚书。职责有三：一是管理学校，二是科举考试，三是外交事务。

兵部，职责是掌管选用武官及兵籍、军械、军令等，长官为兵部尚书。源于三国曹魏时期的五兵制，后历代沿袭，只是职权不尽相同。到了清光绪三十二年（1906年），废除兵部，改设陆军部。

刑部，长官为尚书，次官为侍郎。主要职责是审定各种法律，复核各地送部里的刑名案件，会同九卿审理“监候”的死刑案件。

工部，长官为工部尚书，曾称冬官、大司空等。主要职责是掌管各项工程、工匠、屯田和水利。

玉树后庭花

“商女不知亡国恨，隔江犹唱后庭花”。当南朝皇帝陈叔宝怀抱美人，吟唱着艳丽无比的“妖姬脸似花含露，玉树流光照后庭”时，绝对想不到，自己作的《后庭花》，会成为亡国之音的代名词。

嗯?
呵呵，我和当时尚是太子的皇上，可算是一见钟情。
娘娘真是有福之人，真希望奴婢也能沾光。
呵呵，有机会我会把你这个伶俐的丫头推荐给皇上的。
贵妃娘娘梳妆好了吗?皇上已经在等着了。
告诉皇上，我这就过去。
众臣恭贺皇上龙体康复!
哈哈，朕是福大之人，逆贼陈叔陵行刺，朕受的重伤现在已经完全痊愈了。
哈哈，皇上是真龙天子，岂是逆贼可随意伤害得了的?
小臣为皇上祝寿!
毛喜
现在还是先帝的服丧期，皇上竟然就开始寻欢作乐。
不行，我必须劝谏皇上。
呼呼
皇上，臣以为此时欢宴不妥……

永嘉：今浙江省温州市。内史：官名，历代职掌不同。西汉初掌民政，如同郡守，汉武帝更改内史官名后，内史便成为诸侯王国特有的官名，至隋代废。

徭役：古代政府强迫民众承担无偿劳动的一种制度。

这三栋阁楼可是朕的心血之作，诸爱卿觉得如何?
这三栋阁楼雕梁画栋，加上四周的奇山异水，古今哪有能与之匹敌的?
哈哈哈!
朕就住在这临春阁，结绮阁赐给张贵妃，望仙阁就给龚、孔两位贵嫔吧。
多谢皇上恩赐。
皇上，您不是说为臣妾作了一首诗么? 臣妾还一直没听过呢。
臣妾也想听皇上的诗。
爱妃们不用心急，朕可是有惊喜给你们看的哦。
嘀——嘟——

丽宇芳林对高阁……落红满地归寂中：这是陈后主的代表作《玉树后庭花》，描写他后宫的奢靡生活。而正因后主贪恋玩乐，不理朝政，导致陈终于为隋所取代，因而此曲被称为“亡国之音”。

大家注意，隋军来袭了！
噼噼啪啪
粮仓着火了！快提水灭火！
这些隋军烦不烦呀！最近几年，每到农忙收获的季节，他们就来偷袭捣乱。
咳咳，总算扑灭了。
有本事就跨江过来和我们决战呀！
是啊，现在是最忙的收获季，本来我应该在家帮忙收割的，
但听说隋军要攻打我们，害得我被调来屯兵驻守。可隋军又只是放个火什么的就撤走了。
就是，就是。他们现在撤兵了，我们也该解散回家吧？
家里少了我们这些劳力，收割一定进行得很不顺利。
唉，但愿回家还来得及帮上一点忙。
这些北边的蛮子，还真是一群胆小鬼。
我看他们根本不敢过江来进攻！
隋朝位于长江以北，庄稼收获比我国要晚一些。
他们此时撤兵，正好赶得及回去帮忙收割。但我国的就被耽误了农时……
我国的物资储存多在地面上，不像北边多存放在地窖。
我国的物资经常被隋军放火焚烧，到了战争的时候可怎么办呀！

更可怕的是，我国的军队习惯了隋军小规模的骚扰，
等隋军真正压境的时候，我国的军队能迅速紧张备战吗？
……
丽华，你看什么呢？这样聚精会神的。
陛下，臣妾在看杨坚散发过来的妖书。
这上面虽然都是编造的妖言，但如果任其在民间散播，终归……
呵呵，丽华你太多虑了。他那些妖言朕也都看过，全是一派胡言，骗不了我大陈百姓的。
朕过来是想和你庆贺咱们的儿子深被立为太子。
再过段时间，朕找个合适的时机废掉沈氏，让你做朕名正言顺的皇后。
现在你该高兴了吧？以后不会再为儿子的事天天晚上哭给朕看了吧？
陛下，您待臣妾真是太好了！

袁宪：南朝陈的重臣，宣帝病重时受重托辅佐陈后主，在陈叔陵之乱中立有功劳。陈后主在位时任尚书仆射。

隋朝侵扰是常事，边镇将帅应足以抵挡。
如果从京师调拨军队，恐怕反而会惊扰百姓。
嗯，有理。
帝王的气数在此地。自我大陈立国以来，北齐军曾三次大举进犯，北周军也曾两次大兵压境。
但最后结果如何？还不都是以他们惨败告终？
现在隋军来犯，又能把朕怎么样？
长江是一道天堑，隋军想过来攻打我们，除非他们会、会飞！
哈哈哈！
陈叔宝等人的笑声还未完全落地，谋划准备多年的隋军就已渡过长江，并势如破竹地向陈朝京城建康突进。
隋
隋
公元589年初，隋军攻占了建康周围的数处战略要地。因隋军所过之处，秋毫无犯，所以隋军得到了当地百姓的广泛支持。

任忠，你刚才说的都是真的？建康城剩余的十万大军，也彻底败给隋军了？
唉……陛下好自为之吧，臣是无能为力了。
朕、朕很后悔当初没有采用你的退敌之计……
对、对了，朕这里还有些金子，你、你拿去再招募勇士出战，胜了，朕还有重赏……
陛下，现在募兵抗敌是不可能的了。
您还是赶紧准备船只，前往长江上游与大陈剩余的部队会合吧，臣定当舍命护驾！
好，好！这样好！那现在就劳烦任将军出外布置、安排了。

爱妃，你们快整理金银细软，我们等会儿就要跟着任将军出逃了。
是，陛下！
快、快把我们的首饰都打包带走。
昏君！都快亡国了，还一心只惦记着珠宝、女人！
与其为这样的人卖命，不如投降隋朝。
隋军攻过来了，大家快准备迎敌！
陳
朱雀門
我是任忠，我现在已经投降于隋军了，你们还抵抗什么？
难道你们还打算为那昏君送命么？

朱雀门：皇城的正南门。按照中国古典神话传说，朱雀、玄武、苍龙、白虎为四方之神，因此宫殿之四门便以此四物命名。

陛下，隋军进入皇宫后，必定不会对陛下有所侵侮。
事已至此，陛下还能躲到什么地方去？臣恳请陛下整理衣冠，端坐正殿，依照当年梁武帝见侯景的做法。
胡说！朕才不会坐着等隋军杀头呢！你闪开！
景阳殿
这是口枯井，用来藏身正好。
陛下，您该去正殿端坐，不该躲藏啊！这会让我们大陈无颜呀！
陛下，请您回朝堂端坐，等候隋军。
夏侯公韵
请您务必保持大陈天子的风范，臣恳求陛下！

朕的事不要你管，快让开！
陛下、陛下，呜呜呜呜……
罢罢罢，也该是我们离开这里的时候了。
井里好像有人的声音？
喊话试试。
谁在下面？快自己上来吧！
再不回话，我可要扔石头下去了。

愚人妄语

“陈叔宝此人，全无心肝！”这是隋文帝杨坚对陈叔宝的评价。果真如此么？我看未必。你看他那首《玉树后庭花》是何等的煽情！如果没有心肝，能写出这样缠绵婉转的诗来么？只可惜他不应该生在帝王之家，也不应该让他做皇帝，而应该让他做诗人。阴差阳错，人非所用，成为亡国之君那就理所当然了。

谈天说地

酒色皇帝陈叔宝

陈朝皇帝陈叔宝，自从登上皇位后，整天就泡在女人堆里，和嫔妃们寻欢作乐；不管朝政，将事务全交给大臣们处理。有这样的皇帝，国家能不灭亡吗？

说到这里，千万不要以为我是危言耸听，这可是有史实为证的。有一天，陈叔宝正和张贵妃在花园里赏花，忽然有大臣来报："皇上，不好了，杨广率领五十万大军分八路向我们进攻，现在已经到了长江北岸了！"

陈叔宝哈哈大笑道："真是杞人忧天啊！长江天险，固若金汤，就算他们长了翅膀，能飞过来吗？"说到这里，他又看了看张贵妃，嬉皮笑脸地说："没事，来，喝酒！"没奈何，这位大臣碰了一鼻子灰，只好悻悻地退出了后花园。

第二天一早，又有太监慌慌张张报告说："皇上，快……快……"陈叔宝火冒三丈，大声呵斥道："该死的奴才，你不知道朕正在睡觉吗？"

"不是，"太监定了定神说，"隋将韩擒虎从采石、贺若弼从京口已经渡过了长江，向建康城攻来了！"

"什么？"陈叔宝似乎不相信自己的耳朵，急得如热锅上的蚂蚁，连忙召集文武百官，商量退兵对策。只可惜，皇帝昏庸，手下哪里有能臣呢？满朝文武呆呆地望着皇帝，谁也不敢吱声。时间一分一秒地过去了，陈叔宝一脸紫色，但又无可奈何！这时，车骑将军萧摩诃万般无奈下只好站了出来："皇上，臣愿带领三军出战。"陈叔宝如同捞到了救命稻草，十分激动地说："好、好，卿出征后，朕派人将你的妻子和儿子接到宫里，我要重重地封赏他们！"

萧摩诃出征后，陈叔宝没有食言，他立马把萧摩诃的妻儿接到宫中。但陈叔宝看着亭亭玉立的萧摩诃的妻子，一下子就魂不守舍了，只差一点没把口水流出来。这样的美色，他哪里能放过呢？只可惜蒙在鼓里的萧摩诃，被主子戴了绿帽子还在为主子效力呢！眼看战争一触即发，就在这个时候，家丁来报：“主公，不好了，夫人被皇帝留在宫中，好几天都没回家了！”顿时，萧摩诃气得昏倒在地。主帅倒了，陈军立马乱成一团，结果就不用多说了。

第二天，隋军包围了建康城，守城的将士主动打开城门，让隋军长驱直入。这个时候，还在后宫寻欢作乐的陈叔宝，听到喊杀声，知道大势已去，就拉着张贵妃逃往景阳殿。韩擒虎冲入宫中，一阵厮杀后，血流成河，瑟瑟发抖的陈叔宝成了隋军的阶下囚。这一年是公元 589 年。

十五年后，陈叔宝死在洛阳，在凄凄切切的哀叹声中，了结了自己的一生。

独孤皇后

独孤皇后是历史上出名的善妒女王。在独孤皇后的威慑下，嫔妃都不敢接近隋文帝，五个皇子全是独孤皇后所生。晚年，耐不住寂寞的隋文帝临幸了妃子尉迟氏，妒火中烧的独孤皇后竟趁隋文帝上朝时将尉迟氏杀死。隋文帝大怒，离宫出走，被朝臣再三劝谏才回宫。独孤皇后去世后，隋文帝立即过起了花天酒地的生活……

江南可采莲，莲叶何田田：出自《汉乐府·江南可采莲》。田田，叶子浮出水面相连接的样子。这几句的意思是，江南地方风景好，到处都可以划船在水上采莲。芙蓉湖，古称上湖、射贵湖，因湖中生长一片芙蓉而得名。地处江苏的无锡、江阴、武进三地交界。

二圣：皇后独孤氏是鲜卑贵族，隋文帝为收揽皇族以外的鲜卑贵族，就让独孤氏参与政治。隋文帝上朝时与她同辇进殿，退朝时又一起回后宫，所以有此称呼。

退朝——
小顺啊，朕……想去一趟陈夫人那儿。
啊？可是皇后还在殿外候着呢。
朕从后面走，你去跟皇后说，朕约高大人到御书房谈高丽之事，让她先回寝宫吧。
皇上……
小顺，皇上呢？
皇上他……去找陈夫人了。
啊！
最近皇上偷空就去看望她，不过倒是没留宿。
哼！本宫在后宫下了这么多道禁令，还是没能禁住这个陈夫人。
几日后

本宫也去看望一下陈夫人吧。
夫人，皇、皇……
陈夫人
皇上来了吗？
皇后驾到——
啊！
皇后娘娘。
别紧张，本宫正好路过此地，就进来看看夫人。
唉，本宫说过多少遍了，天下甫定，后宫要提倡节俭。
头上的珠花灿若星辰，可曾想过民间百姓还食不果腹呢？

陈后主贪图女色、荒淫无度导致亡国，所以我才下令禁止你们接近皇上。
要是有人胆敢不遵守，就别怪我不客气了！
是、是……
她不想见朕？
开什么玩笑！朕好不容易才有空来看她……
皇上、皇上您别这样！
陈夫人哭着说不敢再见您了啊！您就饶了她吧……
一定、一定又是她干的！
皇上……
朕、朕又不干什么，只是想看看陈夫人，看看而已……
上次陈夫人又见了皇上一次，结果第二天就收到皇后的礼盒。打开一看，竟然是两条毒蛇。
天哪！怎么办？以后我们都离皇上远点吧！
在独孤皇后的严厉管控下，后宫一片肃穆，嫔妃都不敢亲近隋文帝。结果，隋文帝的五个儿子，全是独孤皇后所生。

皇后娘娘说，皇上散完步早些回去，她等着您一起批阅奏章。
知道了，知道了。
开皇十一年
仁寿宫
哎呀！
嘘，小心，别让皇上发现我们！
是谁？
皇上饶命！臣妾不是故意让您看到的，臣妾这就告退！
已经到了这种地步吗？宫人见到朕就跑……
那是因为皇上虽然贵为天子，却不能为臣妾们做主，也不能为自己做主。
你是？
臣妾是尉迟氏。

传朕的旨意，今夜临幸尉迟氏。
皇上不行啊，皇后她会……
住嘴！朕是天子，难道还不能为自己做主？
什么？
皇后娘娘，皇上他……
呼哧呼哧
坚持了这么多年，他终究还是……
次日清晨
小顺，皇上已经上早朝了吧？
是的，已经去了。娘娘，您一夜没合眼了，请快歇息吧。

不做完这件事，我就算睡也睡不安稳。
你去找尉迟氏……
娘娘！
啊——
杀、杀人了！
皇上、皇上请留步！
哒哒哒哒——
请皇上回宫吧，天子怎能只身一人跑入这荒山野岭？
朕不回去！这天子没法当了，皇后竟然趁朕早朝，将朕临幸过的宫人活活打死了！
陛下怎能因为一个妇人而轻慢天下？！
朕……
唉！朕贵为天子，却不得自由啊……

佛堂
笃笃笃笃——
娘娘，您在祈求什么？
祈求佛祖佑我大隋风调雨顺、国泰民安。
还祈求，我和我的夫君能生生世世、恩爱永远……
嫉妒心和独占欲不断煎熬着独孤皇后，加上过度操劳，仁寿二年（公元602年），五十岁的独孤皇后去世。
此后，六十多岁的隋文帝仿佛得到解放一般，陆续宠幸多名妃子，过起了糜烂的宫廷生活。

愚人妄语

在历史上，皇后能管住皇帝私生活的为数不多，独孤皇后也许是唯一的一个。在她的有生之年，隋文帝虽然“贼心”不死，但也不敢大张旗鼓地与后宫妃嫔厮混。就这一点，我们得给独孤皇后点一个赞。身为女人，我忠诚于你；作为男人，你也得专情于我啊！这算不算独孤皇后的男女平等意识呢？

谈天说地

隋文帝死因之谜

据说，隋文帝死得十分离奇，他究竟是怎么死的？众说纷纭。不过，目前学术界大都认为，隋文帝的死，与他的儿子杨广脱不了干系。儿子为什么要杀父亲呢？真是匪夷所思啊！

据史书记载，隋文帝病重期间，尚书仆射杨素、兵部尚书柳述一天十二个时辰不离其左右，太子杨广也住进了宫中的大兴殿。山陵将崩，他们能不着急吗？谁知这杨广，可不是省油的灯，父亲的生命危在旦夕，他却还有心思寻花问柳。这到底是怎么一回事呢？此事说来话长。

自从独孤皇后死后，隋文帝最宠幸的妃子便是宣华夫人了。这宣华夫人陈氏是南朝陈后主的妹妹，人长得特别漂亮，号称“江南第一美女”。这样的美女，杨广岂能放过？只可惜平时没有机会。

这不，机会来了。隋文帝病危，这美女自然要亲自侍奉。一天早晨，宣华夫人出寝宫更衣，不料被杨广撞见。垂涎已久的杨广岂能放过这个机会？不管三七二十一，他一步冲上前去，对这位宣华夫人就动起手脚来。夫君还没有死，怎么能做出越矩的事情呢？宣华夫人拼尽全力才摆脱了杨广的纠缠。

躺在龙床上的隋文帝知道这件事后，气得浑身发颤，大骂道：“畜生，如此无礼，怎能担当治国理政的大任！”盛怒之下的隋文帝当即命令柳述：“召我儿！”柳述还不知就里，连忙问：“是不是太子殿下？”“非也，勇也！”隋文帝气喘吁吁地说。

你看，事情不是明摆着吗？隋文帝是要废杨广重立杨勇为太子啊，柳述立马起草诏敕，然后让隋文帝过目。不料，杨素得知了此消息。于是，他和杨广一合计，马上假传圣旨，将柳述等人打入大牢，命亲信左庶子张衡立即入大宝殿侍候隋文帝。张衡进入大宝殿，立马把宫人和卫士全都赶出了殿外。没多久，张衡出殿宣布隋文帝驾崩。

一时间，朝野上下议论纷纷，认为是张衡杀死了隋文帝。至于张衡是如何杀死隋文帝的，不同史书的记载有较大的不同。《大业略记》记载张衡以毒药害死隋文帝，而《通历》则记载张衡“拉帝，血溅屏风，冤痛之声闻于外，崩”。

隋文帝死后二天，杨广即帝位，为隋文帝发丧，并派人以隋文帝遗诏的名义缢杀杨勇。

杨广谋位

越是功业卓著的父母，对待自己的孩子就越是霸道，因为他们心中已经有一个理想的范本，习惯于让所有的人按照这个范本行事。不能让父母满意的太子杨勇，终于被隋文帝杨坚和皇后独孤氏所厌弃，以致曲意逢迎的杨广取代兄长爬上了太子宝座。然而，这个貌似孝顺的儿子的所作所为，却令杨坚追悔莫及。

隋文帝开皇年间：公元581年至公元600年间。

父皇！母后！
皇上，看来传闻果然不假。
隋文帝杨坚
皇儿的日子过得不错呀！
这小子竟然过得比朕还要好，朕都没机会亲近其他姬妾呢……
这老东西又在想什么坏事呢？
这……
怎么不见太子妃呢？
独孤皇后
她近日抱恙在身……
什么？！妻子抱恙，你居然还有心情在此寻欢作乐？
明知我平生最痛恨的就是三妻四妾，你竟然还敢……

扬州：隋朝时治所在江都，即今江苏省扬州市。

快起来。
晋王府
广儿生活真是简朴啊……
琴上竟然有这么多灰？多久没人弹了呢？
广儿这孩子，真的是忙于公务，不图玩乐。
不像勇儿，唉！
娘娘请用茶。
好。
广儿真是重情义的孩子。
这样年老的姬妾，他也依然留在身边……

宇文述
这些是晋王的一点心意，皇上和皇后那里，还有劳公公继续多多美言。
当然！当然！
广儿不仅战功赫赫，而且仁孝友爱、恭谨守礼，比起勇儿不知强了多少倍……
唉！只怪勇儿太不争气了。
好了，都出来吧！
啊！闷死了！
呼，皇上终于走了。
殿下，快把这身衣服换了吧，难看死了！
就是，就是。
哈哈，
这还不都是穿给父皇、母后看的！
父皇、母后对太子似乎越来越不满了。

该怎么利用现在的好时机呢?
只可惜扬州离京师较远，不利于行事。
殿下应该在皇上身边找一个得力的帮手。
嗯！现在满朝大臣中，父皇最信任杨素。
我如果能得到杨素的支持，定能成功。
杨素最信任他的弟弟杨约。我和杨约有交情，愿到京师为殿下办理此事。
有劳宇文大人了。
京师 宇文述家
哈哈！宇文大人何时回京师来的?
才刚回来，这不就马上邀杨大人到寒舍小聚嘛！
咦?！
这莫非是……
杨约
这个……
这个……
这个……
酒菜已备好，你我久别重逢，今天一定要好好畅饮一番。

杨大人看我这些器玩如何?
皆是罕见的珍品啊!好!好!
好久未和杨大人对弈了，一会儿我们来下一局如何?
不过，若像平常一样下，实在无趣，不如今日加上赌注?
赌注?
就赌这些器玩，怎么样?
一个时辰后
唉唉，我又输了!
哈哈!
赢了宇文大人这么多东西，杨某都有些不好意思了。

其实，这些珍宝都是晋王特地让我送给您的。
啊？这是为什么？
这点小礼物不算什么，晋王还要送大富贵给您和越国公呢！
我杨约虽然谈不上富贵，可是家兄杨素却是富贵已极，哪里还要人送呢？
虽然您和越国公富贵已极，可还很难说能永保富贵。
太子做事，越国公常常反对。一旦太子登基，能饶过他吗？
这……您有何高见？
废掉太子，改立晋王。
事成之后，晋王一定感激您。您的富贵还愁不长久吗？
嗯，嗯，有理……

越国公杨素府上
嗯，弟弟你对太子一事分析得很有道理呀！
为兄就照你说的做吧！
越国公杨素
杨素站到了杨广这一边，利用皇帝杨坚和独孤皇后对太子杨勇的不满，挑拨离间、生事诬陷太子杨勇。隋文帝杨坚和独孤皇后逐渐下定废掉太子的决心。
越国公，让你代朕去看太子，怎么这么快就回来了？
太子怨恨陛下，臣去的时候他正在发脾气，
臣怕会发生意外，所以特意赶回来，请陛下多加防范。
什么？！

皇上，太子身边的侍从求见。
禀、禀告皇上，太子经常、经常找人算卦，
说是开皇十八年，皇上必死。眼看就要到了，太子显得很高兴……
什么？！杨勇心肠居然这样狠毒！
太子真是越来越不像话了，找人监视他！
是。
开皇二十年，隋文帝宣布废杨勇为庶人，立晋王杨广为太子，并把杨勇交与杨广看管。
放我出去！我是被冤枉的！我要见父皇！

不久，独孤皇后病故，隋文帝杨坚自感年事渐高，应抓紧时间享乐，接连召幸陈宣华夫人与蔡容华夫人，渐渐沉迷酒色，国事多交由太子杨广处理。
父皇！父皇！
嗯？
父皇——
那是？
该死！怎么让杨勇给逃出来了？竟然还跑到离父皇这么近的地方！
广儿，你快来看，那个不是勇儿吗？

唉，只怪孩儿平日没能好好照顾大哥，使得大哥神志癫狂，成了疯子……
唉！想不到勇儿竟然……
几年后，年老体弱的杨坚因病重，住到仁寿宫休养。
皇上！
太医为何还不来？快去看看！
咳咳……
是！
咳咳！如此慌张，发生什么事了？
皇上！太子……

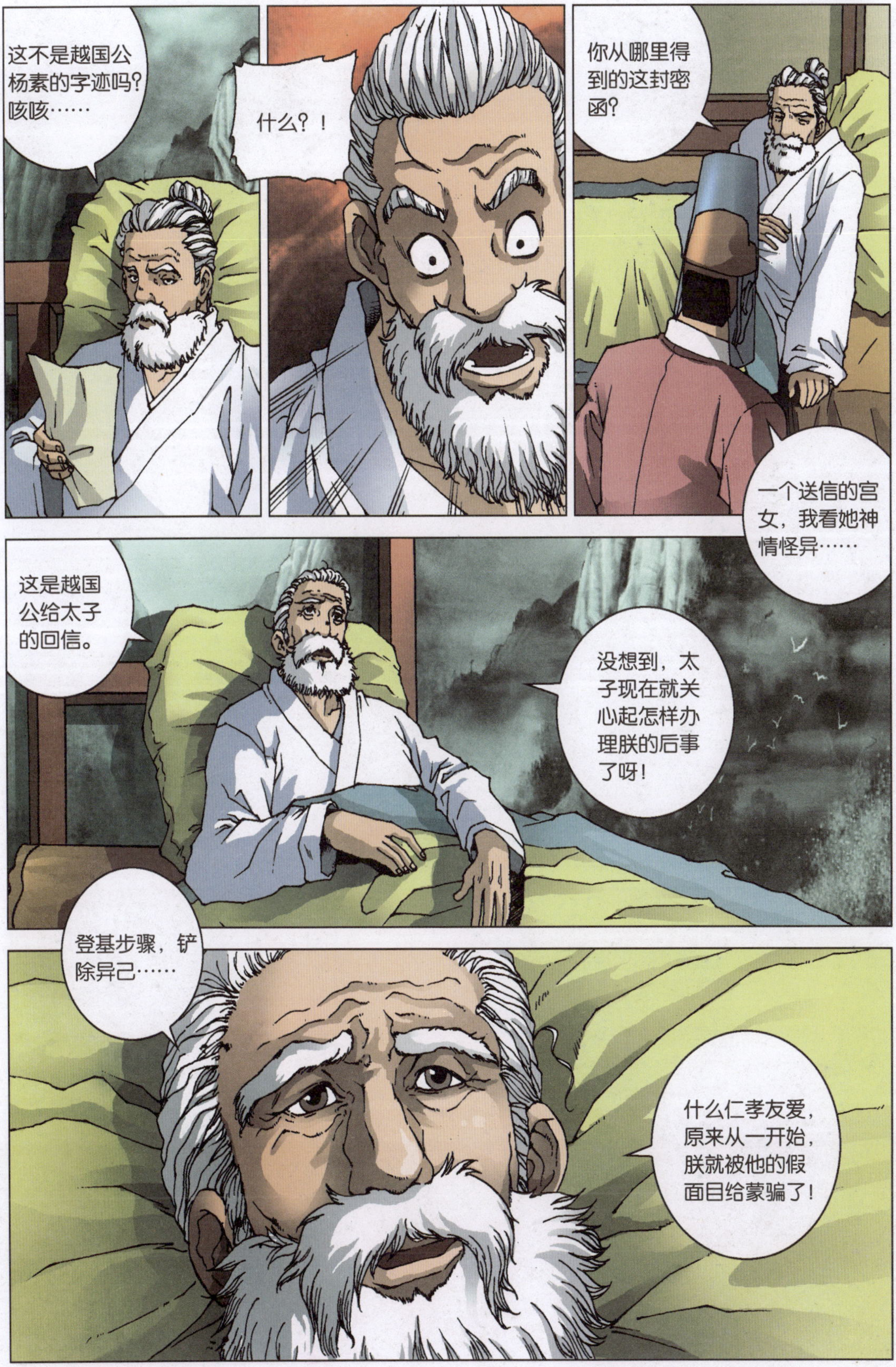
这不是越国公杨素的字迹吗？咳咳……
什么？！
你从哪里得到的这封密函？
一个送信的宫女，我看她神情怪异……
这是越国公给太子的回信。
没想到，太子现在就关心起怎样办理朕的后事了呀！
登基步骤，铲除异己……
什么仁孝友爱，原来从一开始，朕就被他的假面目给蒙骗了！

皇上……
咳咳……爱妃怎么了？发生什么事了？
呜……
太子无礼！
什么？！
这畜生怎能担当治国的大任哪？
咳咳！咳咳……
皇上！
去把朕的儿子叫来！

快去叫太子来！
不！朕要见杨勇，不是杨广！朕要重立太子！
哎呀！我得快去通知太子！
把仁寿宫包围起来！
父皇病重，应该好好休息，你们都出去吧！
你……
张衡，你在这里好好照顾皇上。
是！

关于隋文帝的死因，许多人认为是杨广派人将其杀死，但史书上并未明确记载此事。

愚人妄语

隋文帝快闭眼的时候，才发现自己被儿子杨广骗了，后悔莫及，但又无可奈何。由此我想，杨广为什么能行骗，而狐狸一样狡猾的隋文帝为什么会被杨广骗呢？关键在于二者之间各有所需，投其所好。换一句话说，一个是喜欢别人拍他的马屁，拍得越响，越是开心；一个是心有所图，乐于阿谀奉承。看来，如果自己不想被骗，还得听听诤言，虽然堵心，但利于行啊！

谈天说地

孤胆英雄韦云起

虽然隋文帝统一了天下，但四周的烽火并没有熄灭，尤其是北方的契丹，时不时在边境地区干一些烧杀抢掠的事情。俗话说："蛤蟆不咬人，蹼人！"于是，大业元年（公元605年），隋炀帝诏令通事谒者韦云起，监领突厥兵去讨伐契丹。

借突厥人去打契丹人，突厥人会干吗？不知道是迫于隋炀帝的淫威，还是韦云起施了什么魔法，突厥启民可汗还真的给了韦云起二万骑兵，并一再嘱咐突厥将士："无论是谁，都得听命于韦云起的统一指挥！"

手下有了兵，事情就好办了。韦云起把两万突厥骑兵分为二十营，每营相距一里，分四路同时进攻。号令"闻鼓声而行，闻角声而止！"同时传令"任何人没有公事派遣不得驰马前行！"军令是下了，可是你一个汉将，有人听你的吗？还真别说，行军途中一个突厥纥干就是不买账，公开和韦云起唱起了反调。"那还了得，军法从事！"韦云起一声令下，纥干人头落地。从此以后，突厥将帅拜见韦云起，都战战兢兢，不敢仰视。

气势上来了，决胜就有了一半的把握。再加上契丹本来是依附突厥的，所以对突厥骑兵也没有多少猜忌防范之心。韦云起抓住契丹这一心理，率军进入契丹境内后，将计就计，说仅仅是借道去柳城（今辽宁朝阳南）与高丽人做交易。契丹人还信以为真，没有做任何防备。到了离契丹营地只有五十里的地方，韦云起命令部队就地安营扎寨。第二天，天刚微微亮，契丹士兵还在做黄粱美梦，韦云起一声令下，二万骑兵如两万支离玄之箭，唰唰唰地射向契丹军营。

这一战， 俘虏契丹四万人，财产不计其数。韦云起把俘获的契丹女人和畜产的一半赏赐给了突厥人，把其余"胜利品"都带回了隋朝。

韦云起孤身一人前往突厥借兵打败契丹人，把我国古代"以胡制胡"的战略方针运用到了极至，可谓是"前无古人，后无来者"啊！

下江都

杨广即位称帝后，抛弃父亲隋文帝的节俭作风，生活奢靡，广征民夫兴修运河、营建江都；更不顾国力负荷，多次对外征伐。致使民怨载道，百姓起义不断。最终，宇文化及发动兵变，杨广被缢死在自己苦心经营的江都城内。

夜游：隋炀帝喜好夜晚游山，所到之处广搜萤火虫，夜游时放飞，其光可照山谷。

东京：指洛阳，与西京长安遥相呼应。

谏诤：通常指臣子对皇帝的言行进行规劝、进谏等行为，此举被臣子们认为是他们的责任。

邗沟：联系长江和淮河的古运河，公元前485年由吴王夫差所开通。通济渠：中国古代沟通黄河与淮河的骨干运河，又称汴河，由洛阳引水入黄河，又以黄河作水源，经今河南、安徽、江苏等地，最后注入淮河。

纤夫：纤，指纤绳；纤夫是以背纤拉船为生的人。殿脚：隋炀帝乘龙舟游江都时，强征民间十五六岁的女子五百人，身着锦袍彩衣，为其牵挽彩色缆绳，称为殿脚女。

西域：汉代以后对玉门关以西地区的统称，狭义上指今甘肃敦煌以西至新疆地区，广义上包括今中亚、西亚、东欧等地。百戏：古代乐舞杂技的统称。突厥可汗：突厥是中国古代的一个游牧民族，主要分布在今阿尔泰山一带；可汗是他们对首领的称呼。西苑：公元605年隋炀帝营建东都洛阳时所建的皇家园林，是中国历史上最为奢华的园囿之一。

高丽：又称高句丽，国土范围在中国东北和今朝鲜半岛境内。辽东：指今辽宁省辽阳市以南及辽河以东之地，广义上包括今辽宁省全部、吉林省一部分、河北东北部和朝鲜半岛北部。《无向辽东浪死歌》：山东人王薄所作民谣，他利用人民的反战情绪，号召百姓起来造反。

二百人长：掌管大约200名士兵的低阶武官。

陛下呢?
在草丛里。
陛下!
造反了……
那些反贼……
不要杀朕!
不要杀朕!
陛下，不是反贼，是大业宫失火了。
失火?
都城太危险了，不能留在这里，朕要回江南去!朕要回江都!
陛下别担心，是大业宫失火了，没事了，已经没事了。
朕每夜都做噩梦……那些反贼……他们都想杀朕。
皇上……
如今天下情势倾危，陛下应留在京师安抚百姓，万万不可再去巡幸江都了!
不过是一群盗匪，你竟如此危言耸听，惑乱民众。实在是居心叵测!来人啊，给朕把他当廷杖毙!

现在还有谁想进谏的？
江都百姓久违陛下圣恩，都在翘首期待陛下御驾呢！
再有敢劝阻朕的，朕先卸了他的下巴，再将他处死。立即开始准备吧！
什么人？竟敢冲撞御驾！
陛下！陛下留步啊！
陛下若是一定要巡游江都，天下将不再是陛下的了！
这真是反了，把这些挡驾的统统拉去斩了！
陛下，陛下这一去什么时候回来啊？求您带臣妾一起走吧……
我梦江都好，征辽亦偶然。众爱妃好自为之吧……

陈后主：陈朝亡国之君陈叔宝，陈为隋所灭。沈后：陈后主的皇后姓沈，称沈后。

愚人妄语

隋炀帝死了，听说是在江都城里被他的手下缢死的，死时年仅五十岁。堂堂一国之君，怎么会被自己的手下缢死呢？不得民心啊！一上任，好大喜功。修运河，筑长城，出兵征高丽，弄得老百姓怨声载道。百姓日子过不下去了，你说能怎么办？揭竿起义啊。看来，要使一国长治久安，得先解决民生问题，决不能干那些生之有度而用之无常的蠢事。

谈天说地

京杭大运河

中国古人的创造力是无穷的，在创造了灵渠这样的水利奇迹以后，又创造了一项更伟大的水利奇迹，那就是开挖了一条北至北京城，南至浙江、杭州，长约1800千米的京杭大运河。

京杭大运河的许多河段是利用原来的天然河流和湖泊，部分河段是人工开挖的，运河水流主要从天然河道中得到补给。人工开挖的河段也是在不同的历史时期完成的。最早是在春秋末期，吴国为北伐齐国、争霸中原，修建了邗沟。其后两次分别是在隋朝和元朝。

隋朝大业元年（公元605年），隋朝开始修建沟通黄河和淮河的通济渠。利用了古鸿沟的一部分故道，通济渠北起洛阳，从黄河引水，经河南开封、商丘等地，从今江苏徐州进入泗水，在今江苏淮安盱眙县进入淮河。大业四年（公元608年），隋朝开始修建沟通黄河和海河水系的永济渠（北宋称御河）。利用了原来三国时期曹操修建的白沟，永济渠从黄河通沁水、卫水，经今河南、河北、山东、天津，并自天津西经永定河分支到今北京。

元朝至元十三年（公元1276年），元朝开始修济州河，南起济州，北至关山。至元二十六年（公元1289年），修会通河，南起安山，北接临清县。这样，从天津可以南下经卫水、会通河、济州河和泗水抵达当时的黄河，并与邗沟、江南运河沟通。至元二十九年（公元1292年），修通惠河，从北京城内的积水潭修建到通州（今北京市通州区），一年以后（公元1293年）修成。而这时的北京至天津早已有白河（由通白河发展而来的运河）沟通，这样，京杭大运河全线贯通。

京杭大运河是中国伟大的水利工程，更是世界水利史上的奇迹。

首先，京杭大运河规模大、修建时间早、修建时间长。北起北京，南达杭州，流经北京、天津、河北、山东、江苏、浙江6省市，沟通了海河、黄河、淮河、长江这四大水系，全长1782千米；修建的历史如果从其中最早的邗沟开始算，至今约有2500年了。

其次，京杭大运河技术难度大、设计巧妙。京杭大运河与多条大河互通，各地地表、水文都不同，如何选择最佳路线、减少不必要的工作量、保证河道的畅通和将来航运的安全，设计者必须对此有一个全盘考虑才可以施工。

另外，京杭大运河综合价值巨大。虽然它的前身之一（邗沟）是战争的产物，前身之二（南北大运河）是昏庸的隋炀帝下扬州游乐的工具，开挖运河劳民伤财、死伤无数。但是，它在客观上促进了南北各地经济、文化的交流，促进了民族的融合，还大大改善了运河两岸的生态环境，至今仍在发挥航运、灌溉、泄洪等作用。

因此，人们把京杭大运河和万里长城并称为中国古代的两项伟大的工程，并亲切地称它为“人间天河”。

瓦岗烟尘

隋末，农民起义如火燎原，其中，河南瓦岗军声势最为浩大。然而，这支无坚不摧的队伍却在短短几年内从顶峰跌落，灰飞烟灭。毁灭它的，不是凶恶的外敌，而是自己人的野心和欲望……

荥阳：古荥阳在今河南省荥阳市东北。

翟大哥，隋将张须陀带了万余兵马，
正向荥阳杀来！
啊？张须陀？完了、完了！
大哥不必担心，张须陀暴躁傲慢，
我们未必没有胜算。
不行、不行，他可是名将，厉害着哪！
咱们还是赶紧撤回老家瓦岗山吧！
这……
哼！
李密的谋士房彦藻

大哥，请给我一支兵马！明日此时，我必献上一颗人头。
不是张须陀的，就是我的！
唉，
那你就试试吧……
我怎么能让这样无能的人踩在我的头上！
翌日
冲啊！
追！别让反贼跑了！
哼！瓦岗军不过如此而已！

报！又有一队人马杀来！我们被包围了！
什么？中了埋伏？！
张须陀，你跑不了了！
杀啊！
我……竟然……
输给这些……草寇？！

这仗打得爽啊！
喝啊！
哈哈！
这都是李兄弟的功劳，俺敬你一杯！
多谢翟大哥！
翟让心腹王儒信
哼！有什么了不起的！
数日后
哦，李兄弟，有什么事吗？
翟大哥，我想到了一个可以得天下的妙计。
天下？哈哈，
俺还从来没想过呢！

兴洛仓：一名洛口仓，在今河南省巩义市境内。

那怎么行？翟大哥才是我们的首领啊！
是啊！
是啊！
但论真才实干的话……
而且，不是有预言吗？
“桃李子，皇后绕扬州，婉转花园里”，这是说灭隋的人的名字中有个“李”字。
那接下来的“勿浪语，谁道许”不就是个“密”字吗？
李兄是上天定的皇帝啊！
是啊！
小弟资历尚浅，怎能担当如此重任，
大哥的好意小弟心领，此事还是从长计议吧！
哼！
尽管翟让旧部强烈反对，但支持李密的人还是占了上风。李密终于坐到了梦寐以求的位子上。
恭喜李将军！
没想到，他真的肯让位给我。翟让心胸开阔，我以前真是错看他了。

确实，李大哥更适合做首领，
可为什么我总有一种不祥的感觉？
翟让的旧部不甘失势，屡次不听李密号令；翟让也因财物分配的问题和李密发生了争执。瓦岗军渐渐分裂成两派，形势严峻。
首领应该您自己当，怎么能让给他呢？您看他现在……
哈哈，做皇帝多无趣！小小争吵，何必放在心上？
以后李兄弟当了皇帝，不会忘了咱的！
唉——
哼！
啪！
看来我们有必要……
可是，翟让毕竟待我不薄啊！

他不会那么做吧？
先下手为强啊！
要做大事，就必须心狠手辣。
何况，谁能保证翟让将来不会对您不利呢？
就算他不想，他手下的人呢？
迟早会生乱的。
来！翟兄，今晚不醉不归！
哈哈……
我最近得到一张好弓，不知翟兄有没有兴趣？

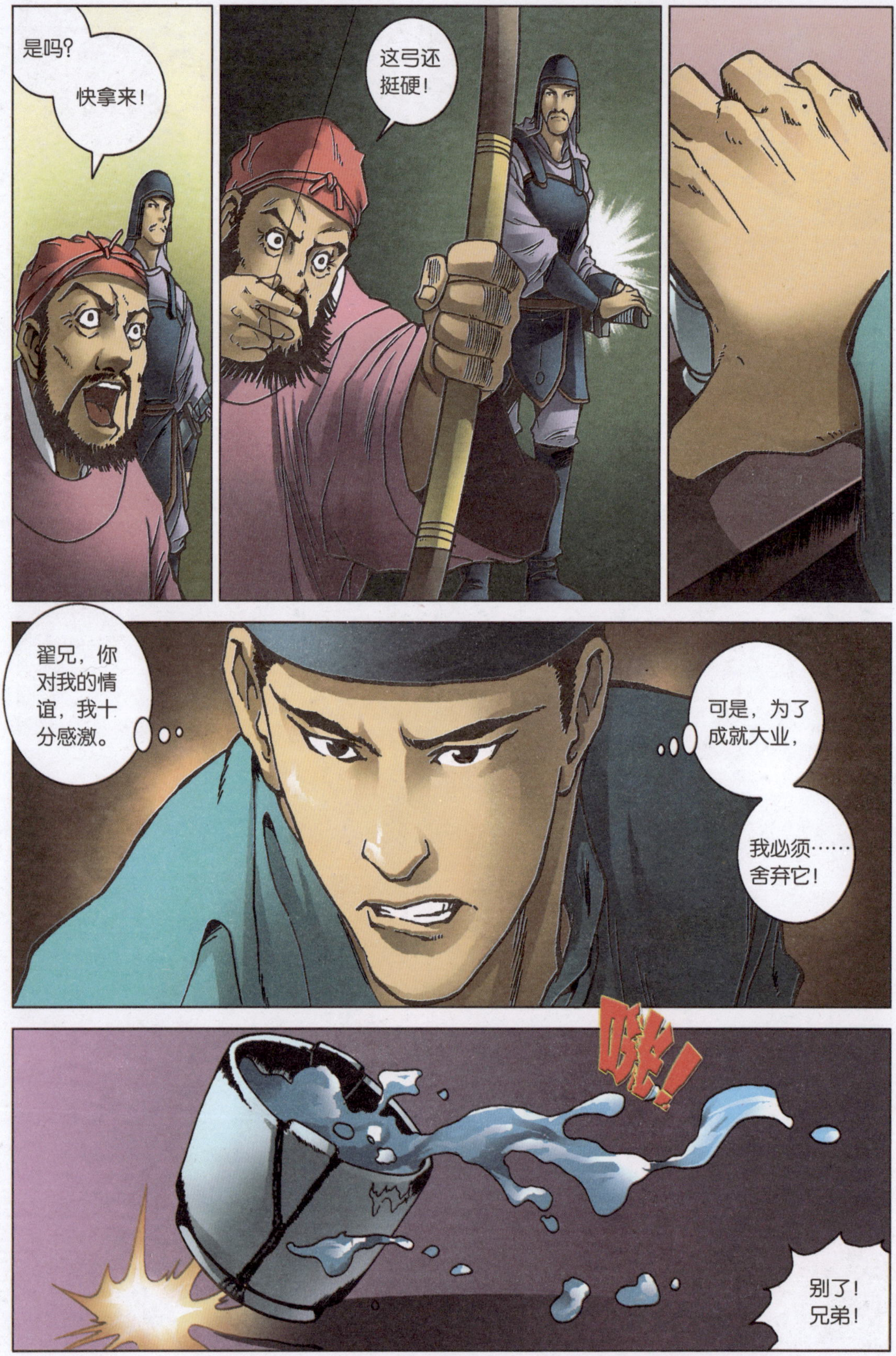
是吗？
快拿来！
这弓还挺硬！
翟兄，你对我的情谊，我十分感激。
可是，为了成就大业，
我必须……舍弃它！
别了！兄弟！

愚人妄语

声势浩大的瓦岗军为什么顷刻间灰飞烟灭？关键是起义军内部的争斗。为了自己的欲望，互不买账，相互拆台。于是，双方在你争我夺的权利竞技场，拼得鱼死网破。鹬蚌相争，渔翁得利。内耗失去了元气，外敌又虎视眈眈，这样的队伍能不土崩瓦解吗？

谈天说地

李密牛角挂书

李密是怎么起家的？说起来还真有点意思呢！

一天，李密骑着牛出门去看朋友，为了读书方便，他把《汉书》挂在了牛角上。这场景正好被当时的宰相杨素碰上了。看到正在牛背上读书的少年，杨素十分奇怪，于是主动上前打招呼说：“喂，那个书生，这么用功啊？”

李密回头一看，发现是当朝宰相，慌忙跳下牛背，向杨素作了一个揖，报了自己的姓名。

杨素问：“你在看什么书呢？”

李密回答说：“我在读项羽的传记。”

于是，两人十分投机地谈了起来。回家后，杨素跟他儿子杨玄感说：“我看李密这孩子的学识和才能，比你们几个兄弟都强。将来你们有什么紧要的事，可以找他商量。”那杨玄感也是胸有大志的主，打那以后，就跟李密交上了朋友。

等到杨玄感起兵反隋，正愁没有谋士的时候，他突然想到他父亲的叮嘱，就派人到长安把李密接到了黎阳。

李密一到，立马献计：“要打败官军，有上中下三策：上策，出兵北上，截断昏君退路；中策，西取长安，抄他们的老巢；下策，就近攻打东都洛阳。”

可惜杨玄感急于求成，觉得前两策太费时间，于是就信心满满地说：“我看你说的下策，倒是个好计策。现在朝廷官员的家属都在东都，我们攻下东都，把他们的家属全都抓起来。军心动摇了，我们能不胜利吗？”

于是，杨玄感立马出兵，一路上接连打了几个胜仗。隋炀帝得到告急文书，连夜退兵，派大将宇文述率领大军攻打杨玄感。杨玄感抵挡不住，想往西退到长安去。宇文述带兵跟踪追击，最后，把杨玄感的人马团团围住。杨玄感无路可走，不得已，只好自杀了之。

李密从混乱中逃了出来，想偷偷地逃回长安。但是隋军搜捕得很紧，李密还是被抓住了。

在被押送去隋炀帝行营的路上，李密跟十几个犯人一商量，把随身携带的钱财都送给了押送的隋兵，供他们吃喝玩乐。还别说，这招真灵，隋兵收了他们的贿赂，喝酒作乐，松懈了下来。李密就趁着隋兵酒醉糊涂的时候，瞅准了机会，跳墙逃跑了。逃出来了的李密，改名换姓，东躲西藏，有几次差点儿被官府抓去。

最后，李密听说东郡（今河南滑县东）瓦岗寨有一支起义队伍，兵力很强，带头的叫作翟让，为人厚道，又喜欢结交英雄。于是，他二话没说，直接投奔了瓦岗军。

晋阳起兵

隋大业十一年，隋炀帝西巡，被突厥十万铁骑围困于雁门。岌岌可危之时，一个十六岁的少年——晋阳留守、唐国公李渊的次子李世民，为他解了围。生平第一次打仗，让李世民看到了隋炀帝和突厥可汗两个各不相同又同样残暴的君主。从那一刻开始，他就萌生了夺取天下之志，并认为天下的君主，应该是像他父亲李渊那样的人。

勤王的部队还没到吗？
隋炀帝杨广
快、快派人再催！
爹爹慢着！
唐国公李渊
李渊三女
这只雕是我的。
我要用它的花翎，为二哥做羽箭。
我跟二哥约好了，在他回来之前，我要为他做一百支箭。
世民才刚走几天，哪能这么快回来？

皇上被突厥十万铁骑围困，二哥非要孤身从军，参加勤王部队。
二哥，会不会有危险呢？
世民，爹爹的爵位只有一个，将来只能留给你大哥。
但李家的姓氏是你们兄弟所共有的，千万不能辱没了它。
爹爹……
世民吗？
爹爹保重，孩儿上路了。
雁门 杨广行辕
嚓嚓嚓
嚓嚓嚓
报——

启禀陛下，围已经解了。
什么？
你说什么？
爱卿大张旗鼓，伪装大军来临，吓退突厥，实在是妙计。
朕要重重赏你。
皇上，此计其实是他人所献，那人说突厥胆敢冒犯天子，定是以为援军不能速至。
臣救驾来迟，请皇上恕罪。
只要虚张声势，突厥必望风而逃。
哦？此人是谁？
一个十六岁的少年……
名叫李世民……
二哥回来了、二哥回来了。
爹爹。

好孩子，
快，告诉爹爹，这第一次离家远征，都有些什么见闻？
见闻？我都看见了什么？
荒芜的大地，苦难的苍生……
还有两个那么不同又那么相似的君主……
爹爹，我想我看到的一切可以概括为两个字
责任。
唔？
责任吗？
也许从那时开始，李世民就有了代隋炀帝而治天下的念头。他理想中的君王，应该是他父亲那样的人。
两年后　晋阳郊外
又是何处燃起的烽火啊？
如今到处都在造反，
皇上却滞留江都，乐不思蜀。天下，要大乱了！

晋阳宫宫监：隋炀帝于天下广设行宫，晋阳宫即其一；宫监即行宫主管。晋阳令：晋阳（位于今山西省太原市晋源区内）县令。

刘文静，有人来看你。
嗯？
哈哈，闷是闷了点，但比起外面的乱世，还是狱中清静呀。
我怕刘叔狱中寂寞，备了美酒来与刘叔解闷。
天下局势日益混乱，若非汉高祖、光武帝再世，实在难以收拾啊！
刘叔怎知当今世上没有那样的人？只不过没人慧眼识珠。
世民今日前来送酒不过是个幌子，实际上是有大事向您请教。
如今豪杰蜂起，却是群龙无首。
刘叔所言，甚合我意。
若有真天子号令群雄，趁关中空虚之际夺取长安，足可成就王霸之业。
只是不知真天子是谁？
可是，此人若是不肯领头举事呢？
二公子心中自然有数，何必问我。
晋阳宫宫监裴寂，二公子想来也认识吧？
他若肯做说客，必定马到成功。

晋阳城南赌场
重四！重四！开！开！
什么手气？真是的！
今天运气真是太好了。再来一把！
刘文静出狱后，立即想方设法引裴寂与李世民结交。
裴兄！
刘贤弟？！
咦，世民也来了？
呵呵，没想到唐国公的公子也好这一口啊。
裴叔叔见笑了。小侄新交了一位朋友，对博戏颇有心得。
小侄只是来凑个热闹的。
裴大人，咱们要不要来一局赌大小？
我买大。
哗啦

就这样，李世民巧妙地输掉了几百万钱，赢得了裴寂的鼎力支援。

驾！
杨花败、李花开。
杨花败、李花开。
杨花败、李花开……
李代杨的谣言满天飞。
李浑一家已被灭族，这种惨祸，不知何时轮到我……
报——
我军与突厥交战失利，损失惨重！
什么？
皇上暴虐无道，随意杀戮大臣；又好大喜功，把战绩看得比什么都重。
一旦战败，不分青红皂白，一律治罪。
剑啊剑，以前你砍的都是敌人的头颅，没想到如今砍到我脖子上来了。
我是引颈受戮呢，还是……

挺剑而起，讨伐无道！
啊？！
大胆！
这种大逆不道的话你也说得出来？我现在就上奏天子，将你治罪。
孩儿观察天时人事，确实如此，才敢出口。
您若要治孩儿的罪，孩儿不敢不死！
为父怎能忍心呢？
哐啷
但是你要谨慎，以后不要随便说这样的话。
裴叔叔，下面看你的了。

呵呵，好酒！
浮生如梦，不如饮酒来得痛快！
裴贤弟，干！
扑通！
裴贤弟，你这是干什么？
李兄救我！
李兄还记得绛雪、红袖么？
她们不是你上次带来伺候我的歌姬吗？
除了皇宫禁苑，晋阳城中哪里能找到那样好的歌姬？
这种事、这种事若败露……
你我都死无葬身之地。
所以小弟才恳请李兄相救。

我如何
能救你?
李兄的二公子
一直在暗中招
兵买马，结交
壮士。
李兄若不想束
手待毙，那就
请顺应天时人
愿，竖义旗、
举大事吧!
李兄!
啊!
咔嚓!
你们都为我做
到这种份上了,
我若再推托,
岂非太对不起
各位?
李兄!
赶快把世民、
文静、长孙顺
德、刘弘基他
们都叫来。
咱们共
商大计!

愚人妄语

十六岁的李世民，生平第一次带兵打仗就不负众望，三下五除二就把被十万突厥铁骑围困的隋炀帝解救了出来。也正是这一次经历，让他萌发了一个念头：这样的君主，我何不取而代之？一个偶然的机会，一个闪念的灵光，李世民抓住了，于是他成就了自己的盖世伟业。不要小看突然间迸发出来的思想火花，抓住了，你就是英雄；失去了，你就是庸人。

谈天说地

晋祠三绝

晋祠，原名晋王祠，初名唐叔虞祠。说起它，可有些年头了。据说晋祠创建于西周（公元前11世纪），后来历经2000多年的擘画营造和修葺扩充，才有了今天的规模。不游晋祠水，枉为山西客。五千年文明看山西，而晋祠，又是山西文化里最靓丽的一张名片。不过，这一座皇家园林，最有名的还是“晋祠三绝”。

一是周柏、唐槐。这两样稀世珍品都是晋祠千年古木的代表。周柏是周代种植的柏树，至今还郁郁葱葱，位于圣母殿北侧。原先有两株柏树，名为齐年古柏，如今只剩一株了。周柏已有两千八百多岁了，树干粗壮，需数人才能合围。唐槐是唐代时种植的槐树，位于水镜台前，每到春夏之季，青翠欲滴，煞是可爱。

二是圣母殿内宋代的彩塑。圣母殿内供奉着四十三尊彩塑，主像是圣母邑姜，其余四十二尊是宦官、女官和侍女。圣母凤冠蟒袍，端坐在凤头椅上。众侍女手里都捧着“贡品”，这些“贡品”，全是我国雕塑史上的艺术精品。

“三绝”的最后一绝是难老泉。这难老泉，俗称“南海眼”，泉水出自断岩层，终年涌水，汩汩不息。北齐时，有人据《诗经·鲁颂》中“永锡难老”之句给它起名为“难老泉”。泉上有亭，亭上悬挂着清代学者傅山写的“难老泉”三个字。当年李白来到这里，曾赞叹说：“晋祠流水如碧玉。”晋水有三个源泉：一是善利泉，二是鱼沼泉，三是难老泉。难老泉是三泉中的主泉，晋水的源头就从这里流出，滋养着晋水两岸的子民。

历史橱窗

“噫吁嚱（蜀人表惊叹之地方语音），危乎高哉！蜀道之难，难于上青天！”李白的这首《蜀道难》道出了古代四川道路的险峻。东部盆地、西部高原，西高东低，落差悬殊的地理特点，使四川具备了众多得天独厚的山川和美景，这其中就有被誉为“人间仙境”的九寨沟与黄龙景区。

1992年，九寨沟和黄龙一起被联合国教科文组织世界遗产委员会列入世界遗产名录。

▲ 秋季的九寨沟诺日朗瀑布

九寨沟位于四川省阿坝藏族羌族自治州九寨沟县境内，因境内有9个藏族村寨而得名。全区面积643平方公里，长约50多公里的主沟呈"Y"字形，南高北低。因它处在青藏高原向四川盆地的过渡地带上，形成了以明朗的高原风光为基调，融翠湖、叠瀑、秋林、雪峰于一体的独特风貌。沟内为原始森林所覆盖，生活着大熊猫、牛羚、金丝猴等珍稀动物，分布着108个大大小小形状各异的高山湖泊（当地人称为"海子"），其中诺日朗瀑布宽320米，是中国最宽的瀑布。

黄龙位于距九寨沟约100多公里的松潘县黄龙乡，面积约700平方公里，以罕见的岩溶地貌闻名，景区内整个山谷几乎全被乳黄色的碳酸钙质覆盖，犹如一条金色巨龙，蜿蜒于原始林海和石山、冰峰之间，形成黄龙奇、峻、雄、野的环境特色。沟内有五彩池、黄龙洞等2300多个彩池，人临其间，如入瑶池仙境。

▲ 黄龙自然风景区牟尼沟风光

▲ 黄龙五彩池

◀ 黄龙拥有世界最大的低温钙化景观。

◂ 河南巩义，杜甫陵墓前的杜甫塑像。

▾ 江西省九江市琵琶亭，始建于唐代，原在九江城西长江之滨，即唐代诗人白居易名作《琵琶行》中送客之处。

图书在版编目（CIP）数据

兴亡之殇隋王朝 / 沈山明，李冰编 . —南昌 : 江西高校出版社，2017.3
（历史画中话）
ISBN 978-7-5493-5199-2

Ⅰ . ①兴… Ⅱ . ①沈… Ⅲ . ①中国历史—隋代—青少年读物 Ⅳ . ① K241.09

中国版本图书馆 CIP 数据核字（2017）第 054420 号

责任编辑　敖　萌
装帧设计　小龙工作室

出版发行	江西高校出版社
社　　址	江西省南昌市洪都北大道 96 号
编辑电话	（0791）88511517
销售电话	（0791）88170198
网　　址	www.juacp.com
印　　刷	唐山新苑印务有限公司
经　　销	全国新华书店
开　　本	787mm × 1092mm　1/16
印　　张	7.5
字　　数	75 千字
版　　次	2017 年 3 月第 1 版 2017 年 3 月第 1 次印刷
书　　号	ISBN 978-7-5493-5199-2
定　　价	25.00 元

赣版权登字 -07-2017-246